48

.б. 1904.

AF243158

LES
FAUSSES POSITIONS.

LES

FAUSSES POSITIONS;

LETTRE

A UN HOMME D'ÉTAT.

PARIS,

CHEZ THÉOPHILE GRANDIN, LIBRAIRE,

PALAIS-ROYAL, GALERIES DE BOIS, N.º 235.

1821.

LES

FAUSSES POSITIONS;

LETTRE

A UN HOMME D'ÉTAT.

Mᴏɴsɪᴇᴜʀ

Bᴇᴀᴜᴄᴏᴜᴘ de philosophes, parmi lesquels il est juste de placer le fameux cranologue ou cranomane M. Gall, ont prétendu que les âmes des hommes étaient emprisonnées pour un temps limité dans cette boîte osseuse qu'on appelle *crâne*. En adoptant cette doctrine ou cette image, on pourra attribuer à l'épaisseur et à la solidité de certaines boîtes, l'obscurité profonde où vivent certaines âmes, et l'ignorance parfaite où elles sont de ce qui se passe dans cet univers moral, dont plusieurs ne soupçonnent même pas l'existence, tandis que d'autres boîtes sont si minces et si diaphanes, que les prisonnières qui les habitent peuvent porter leurs regards au travers de leurs parois, et pénétrer jusqu'aux causes premières et aux principes des lois qui régissent le monde. Il est encore d'autres âmes, et je suis forcé d'avouer, Monsieur, que la mienne est de ce nombre, qui, tout aussi bien claquemurées que les premières, sont cependant venues à bout, à force de s'agiter dans leur coquille, d'y produire quelque *fêlure* au moyen de laquelle leur vue a pu apercevoir distinctement quelque coin du tableau, quelque ordre d'idées où se sont dirigées aussitôt toutes leurs méditations, toutes leurs facultés intellectuelles, la préoccupation et l'étude de toute leur vie ; de même qu'on voit dans nos caves ténébreuses les plantes, avides de lumière, élancer vers le soupirail toute la force de leur pâle végétation : et comme ces *fêlures*, résultat fortuit d'une aveugle agitation, sont faites tantôt dans un sens tantôt dans un autre, tantôt devant tantôt derrière, tantôt en haut tantôt en bas ; cette diversité de travers produit apparemment cette diversité de systèmes également incomplets, également incohérens, qui remplissent les fastes de la philosophie, sans faire faire aucun progrès aux connaissances humaines. Et, pour ne parler ici que des cerveaux fêlés qui ont occupé l'attention de nos contemporains, c'est ainsi que le docteur Cabanis et, après lui, M. Destutt-de-Tracy, ont cherché dans l'analyse des organes de l'homme, l'origine et la nature des idées que ces organes servent à percevoir ; c'est ainsi que M. Hoéné-Wronski n'a vu dans le monde que l'absolu ; M. Azaïs, les compensations ; M. Alain de la Cœurtière, la puissance des nombres : c'est ainsi que, dans la politique, M. Guizot ne voit que la guerre des Gaulois et des Francs, et M. R......-C....... *l'illumination des masses* et la *force de la matière électorale,* etc., etc., etc.

Quant à moi, Monsieur, soit que la fêlure que j'ai faite à ma boîte osseuse ne soit pas aussi spacieuse et aussi ascendante que celles qui distinguent *éminemment* les cerveaux de ces grands hommes, soit que je n'aie pris qu'un aperçu borné de cet univers, ou que ma vue ne se soit promenée que terre à terre, tout juste entre les intérêts des hommes et leurs devoirs, je n'ai vu qu'une seule chose à travers la crevasse de mon cachot, c'est *l'empire qu'exercent* LES FAUSSES POSITIONS *dans le monde moral, littéraire et politique.*

Cette découverte m'a paru si nouvelle, si importante, si féconde en résultats utiles pour les hommes qui s'occupent de morale, de littérature et de politique; elle peut fournir des leçons si applicables aux circonstances dans lesquelles nous sommes, que je n'ai pu résister au désir d'en faire jouir le genre humain, et de contribuer ainsi *à la marche toujours croissante de la civilisation et au progrès des lumières*, comme disent les *collins maillards* de notre philosophie moderne.

En morale, *les fausses positions* sont la cause véritable de tous les vices qui troublent la société; elles produisent tous les malheurs qui désolent le genre humain; elles occasionnent toutes les chutes qui enrichissent les abîmes au préjudice du ciel. Qu'une jeune personne, née dans une condition inférieure, se livre aux séductions de l'orgueil et de la vanité, qu'elle se croie supérieure à ses pareils, qu'elle dédaigne leur société, leur existence, pour l'existence et la société d'une classe au-dessus de la sienne; cette pauvre créature se place *dans une fausse position;* la classe dont elle est sortie la méprise, la classe où elle veut entrer la dédaigne. L'indigence est dans sa demeure, et le luxe est dans son âme; toutes les réalités de sa vie sont tristes et modestes, toutes ses idées sont brillantes et ambitieuses : les chimères qu'elle convoite sont séparées d'elle par un précipice, mais les bords de ce précipice sont tapissés de fleurs, et nous savons comment elle y tombe; ses fautes, ses malheurs, sa ruine viennent de ce fait unique, qu'elle a pris une *fausse position* dans la vie.

Qu'une fille appartenant à une famille de mœurs rigides, inexorables, se passionne pour un beau garçon qui abuse de son amour et de sa faiblesse; cette fille se placera aussi dans une fausse position sociale, car elle quittera l'état de fille, sans prendre pour cela l'état de femme, et elle ne sera réellement ni l'un ni l'autre : combien de vices de position vont naître de cette première faute ! Cette fille devient mère : *fausse position,* car elle n'est pas épouse; elle va se trouver exposée à l'indignation de ses parens, aux mépris du monde. Toutefois un crime horrible, un forfait qui révolte à-la-fois la nature et l'humanité, peut la sauver du déshonneur: autre vice de position, car, en saine raison, un crime est plus déshonorant qu'une faute. Cette fille recule devant la pensée de ce crime : elle est accablée de honte et d'outrages, la malédiction de son père vient la frapper. Chassée du sein de sa famille, elle est livrée à la misère et au désespoir ; autre vice de position, car on ne devrait pas être maudit pour avoir bien fait. Elle est bonne mère, et le monde la repousse ! si elle veut échapper à ses mépris, elle fuit sa patrie, prend un faux nom ; elle suppose un mariage qui n'a pas eu lieu : autre vice de position, car l'estime ne devrait pas être le prix du mensonge. Tous les événemens de sa vie sont entachés de fausseté et d'infortune, quelque soit son esprit, son habileté, la force et l'énergie de son caractère ; elle doit tribut à l'enfer : il faut qu'elle trompe les hommes, qu'elle intrigue, qu'elle se consume à lutter contre des faits qui s'avancent et se multiplient incessamment contre elle, à moins qu'elle n'ait le courage sublime d'accepter l'opprobre et l'humiliation comme une expiation de sa faute, et qu'elle cherche dans le ciel un refuge contre les maux de la terre.

Qu'un jeune homme, d'une naissance abjecte, reçoive dans nos lycées une éducation libérale, ce jeune homme, en entrant dans le monde, se trouve dans une fausse position ; sa famille qui devrait être pour lui un objet de vénération et d'amour, en devient un d'éloignement et de mépris ; la reconnaissance qu'il doit aux auteurs de ses jours est une charge insupportable à son orgueil ; tous les rapports de parenté froissent et importunent son âme ; l'atmosphère natale, ordinairement si douce à respirer, devient pour lui hostile et fétide : de même, le jeune homme qui a reçu le jour dans une classe supérieure, et qui a été plongé dans l'ignorance et dans l'abjection, se trouve dans une fausse position ; en butte aux dédains de ses pareils, livré au ridicule et au sarcasme, toutes les personnes que sa fortune place dans sa dépendance, le dominent et le tyrannisent.

Le vieillard qui conserve les passions et les goûts des jeunes gens, la vieille femme coquette et galante, sont également dans de fausses positions ; ils perdent leurs droits à la vénération qu'inspire la vieillesse, et ils n'ont aucun des avantages du jeune âge : leurs jours se consument dans les regrets et dans l'amertume ; et comme ils n'ont pas su accepter la vie, ils ne savent pas accepter la mort.

> « Qui n'a pas l'esprit de son âge,
> » De son âge a tout le malheur. »

La littérature, selon la définition de Mme. de Staël, étant *l'expression de la société*, il n'est pas étonnant que les fausses positions en composent absolument tout le domaine. Qu'est-ce que les poëmes épiques, les tragédies, les comédies, les romans ? — Le tableau, soit en récit, soit en action, soit en vers, soit en prose, de toutes les positions fausses, où les intérêts et les passions peuvent placer les pauvres mortels. Les liens qui enchaînent les hommes dans ces positions contraires à leurs intérêts et à leurs devoirs, forment le nœud du poëme : les agitations et les mouvemens que se donnent les personnages pour faire triompher les intérêts sur les passions, ou les passions sur les intérêts, voilà l'intrigue et l'action ; l'affranchissement des positions, voilà le dénouement : et, tel est le malheur attaché aux positions complexes, que le public ne quitterait pas , satisfait , une représentation théâtrale, si tous les héros auxquels il s'intéresse ne se trouvaient pas dans une position simple à la chute du rideau.

Un prince magnanime , appelé par sa naissance à porter la couronne de France, est élevé dans la religion réformée : ses sujets catholiques refusent de le laisser monter sur le trône; il soutient avec l'épée son droit héréditaire ; ses sujets soutiennent, aussi avec l'épée , les intérêts de leur croyance religieuse. Le roi se convertit, et monte sur le trône : voilà la *Henriade.*—Il est clair que le roi protestant d'un peuple catholique , et les sujets catholiques d'un roi protestant , sont tous dans de fausses positions. Il est clair aussi que ces positions deviennent simples, du moment où le souverain légitime a embrassé la religion de l'état : la foi religieuse et la fidélité politique se trouvent d'accord, et tous les devoirs sont conciliés.

Plus les productions littéraires approchent de la perfection , plus elles nous offrent une application frappante de ces réflexions. Racine est le premier de nos poètes tragiques, parce qu'il excellait dans l'art de fortifier les chaînes qui retenaient ses héros dans les positions fausses où il les plaçait : prenons un exemple de cette remarque dans sa tragédie d'*Iphygénie*.

L'ambition d'Agamemnon exige le sacrifice de sa fille; et comme cette passion de l'ambition eut été trop faible pour obtenir un tel sacrifice, elle est fortifiée par la volonté des Dieux, dont Chalcas s'est rendu l'organe : de même l'amour paternel, qui combat dans le cœur du roi des rois, est soutenu par l'amour bien plus exalté, bien plus éloquent d'une mère. Iphygénie, douce, soumise, résignée aux ordres de son père, n'aurait pu, sans affaiblir la tendre compassion qu'elle inspire, fournir à l'action aucun point de résistance ; le génie du poète a su concilier le besoin qu'il avait de cette résistance avec la touchante résignation qui devait intéresser à la victime. Achille, le puissant, le fougueux Achille, va la retenir dans la vie avec toute la force de son caractère violent et indomptable; *son amour, sa foi, son honneur* s'opposent à ce qu'elle périsse. Agamemnon est lié avec lui par des sermens, par des services rendus, par ceux qu'il peut encore en attendre, par la crainte de ses ressentimens et de ses excès : d'un côté Achille et sa colère, de l'autre Chalcas et ses oracles; Agamemnon, au milieu de tout cela, tourmenté par tant de passions et de sentimens contraires, qui viennent successivement agir sur son cœur et sa volonté: voilà sans doute une position aussi fausse que possible, et qui ne peut s'affranchir que par un miracle.

La même observation se vérifie dans tous les romans sans exception: ici, c'est un jeune homme dont on croit la naissance entachée d'illégitimité, qui se passionne pour une fille noble, comme dans Thomes Jones, l'Antiquaire et l'Abbé de Walter Scott; là, c'est une fille qu'on croit de basse extraction, qui inspire de l'amour à un jeune seigneur: la tendresse des amans et l'opposition des parens forment le nœud de l'intrigue, et les auteurs, en se réservant les moyens de faire découvrir la véritable naissance de leurs héros, se ménagent ainsi un dénouement quand ils sont las d'écrire. Ailleurs, c'est un chrétien qui aime une juive, un musulman qui aime une chrétienne, une mère qui devient amoureuse de l'amant de sa fille, une fille qui se passionne pour un chef de bandits, etc., etc. ; et telle est, Monsieur, la justesse de cet aperçu moral, que je pourrais défier les incrédules de me citer un seul ouvrage à intrigue, qui ne se fût point basé sur une fausse position sociale, affranchie au dénouement.

En politique, l'influence des fausses positions n'est ni moins puissante ni moins avérée qu'en morale et en littérature : aussi l'histoire ne se comporte-t-elle absolument que des déviations où les peuples et les rois se laissent entraîner par des passions, des erreurs, des intérêts mal compris et mal dirigés, et des efforts que font les gouvernemens, soit pour sortir des fausses positions où ils sont tombés, soit pour lutter contre les vices qu'elles engendrent lorsqu'ils s'obstinent à y rester ; aussi rien ne serait plus curieux et plus instructif qu'un travail historique exécuté sur cette donnée. En attendant que ce cadre séduise l'imagination de quelques-uns des penseurs dont ce siècle abonde, je vais prouver, Monsieur, par quelques exemples puisés dans notre révolution, l'influence des fausses positions politiques, sur les destinées des hommes d'état, et sur la marche des affaires publiques.

Lorsque l'assemblée constituante proclama le dogme de la souveraineté du peuple, elle plaça les sujets dans une fausse position vis-à-vis du roi, et le roi dans une fausse position vis-à-vis des sujets. Par la raison que le peuple se croyait souverain, le roi n'était plus que le ministre des volontés du peuple; et de tous les hommes qu'on pût choisir pour remplir cet emploi, un royal souverain était le moins propre à l'occuper, car toutes les volontés qu'il se trouvait chargé d'exécuter étaient précisément contraires à l'intérêt et à l'existence de sa propre souveraineté. Il était donc également impossible que Louis XVI exécutât, de plein gré, les volontés de la révolution, et que la révolution ne mît pas en doute les intentions de Louis XVI, lors même qu'il exécutait ses volontés. C'est de cette fausse position du roi et du peuple, que sont nés tous les malheurs qui ont désolé la France. Quelle que fût la vertu, la résignation sainte du malheureux Louis XVI, les vices de sa situation étaient tels, qu'il ne pouvait rien faire dans l'esprit de la royauté sans trahir la révolution, et qu'il ne pouvait rien faire dans le sens de la révolution sans trahir la royauté.

S'il parlait et s'il agissait comme un roi, on l'accusait de vouloir ressaisir *la tyrannie* : les injures et les outrages s'élevaient de toutes parts contre lui ; s'il cessait d'agir et de parler comme un roi, il méditait quelques trahisons, quelques complots ténébreux contre le peuple : les menaces et les outrages n'en éclataient que plus fort. Voulait-il faire usage du *veto* qu'on lui avait laissé, « il dévoilait ses intentions contre-révolutionnaires ; » faisait-il désarmer les chevaliers du poignard, on l'accusait de former aux Tuileries des magasins d'armes pour égorger le peuple ; négociait-il avec les alliés pour les empêcher de venir à sa délivrance, il « avait près d'eux des agens secrets qui travaillaient dans un sens opposé à son langage officiel ; » refusait-il de déclarer la guerre à la coalition, « il s'entendait avec elle ; » déclarait-il cette guerre, « il s'était arrangé pour faire massacrer les troupes françaises à la première bataille. » Enfin lorsque, outragé jusques dans ses appartemens par une populace dont les excès demeuraient impunis, il fut obligé de chercher son salut dans la fuite ; cette fuite fut appelée une conspiration contre le peuple, et son arrêt de mort fut prononcé.

Ainsi ce sont des vices de position qui ont tué Louis XVI par la main des assassins de la convention ; le jour où une assemblée factieuse répondit par l'organe de Mirabeau : *qu'elle siégeait par la puissance du peuple, et qu'elle ne se dissoudrait que par celle des bayonnettes ;* du moment où cette puissance des bayonnettes, la seule qui pût alors affranchir la position commune au profit de la royauté, ne fut pas employée contre l'assemblée usurpatrice; la chute du trône et le régicide, seuls moyens d'affranchir cette position au profit de la révolution, furent résolus dans l'ordre immuable des destinées.

L'horrible assassinat du 21 janvier affranchit donc pour quelques temps les positions des véritables révolutionnaires, de ceux qui s'étaient associés sans réserve à la destruction de l'ordre social : franchement engagés dans une carrière de sang et de crimes, leur pouvoir fut sans bornes pour détruire ; mais ceux qui, après avoir adopté les principes de la révolution, voulaient réédifier l'état social, se trouvaient aussitôt dans de fausses positions et y périssaient. Ainsi succombèrent *les fédéralistes* et *les girondins ;* ils parlaient d'ordre social, et ils avaient proclamé la souveraineté du peuple ; ils parlaient de morale et de justice, et ils avaient trempé dans l'assassinat d'un roi, dans la spoliation des nobles ; ils voulaient combattre la révolution, et ils portaient ses couleurs : où auraient-ils pris la force dont ils avaient besoin pour la vaincre ? Dans la royauté ?—ils l'avaient détruite.—Dans la religion ?—ils l'avaient outragée. — Dans les ennemis de la révolution ?—ils s'étaient rendus odieux aux royalistes par une complicité dans les premiers forfaits de l'anarchie. — Était-ce donc dans la liberté, dans les droits du peuple comprimé par la terreur ?—Mais ces droits et cette liberté se trouvaient toujours écrits sur la bannière de la *montagne* ; ils n'auraient pu être mis en réalité sans rendre l'offensive aux royalistes ; l'intérêt de la révolution exigeait qu'ils fussent indéfiniment suspendus ; des révolutionnaires ne pouvaient donc les revendiquer sans trahir ces intérêts, sans travailler pour la royauté : aussi accusait-on de *royalisme*, tous ceux qui parlaient de la constitution et du règne des lois, tous ceux qui par lassitude ou par ambition se déclaraient contre la *mon-*

tagne. Danton lui-même, le farouche, le régicide Danton, fut guillotiné comme royaliste !

Les révolutionnaires ne pouvaient donc maintenir leur position franche à l'égard des hommes, qu'à force de massacres ; à l'égard de Dieu, qu'à force de profanations et de blasphêmes; car l'abîme appelle l'abîme: ceux qui avaient donné des gages à l'enfer appartenaient à l'enfer : tels étaient les vices de leurs prétendus principes, qu'un temps devait arriver, où ayant épuisé toutes les idées de crime et d'impiété, ils devaient retomber naturellement dans les idées de société, et c'était le signal de leur mort. Après que leur puissance monstrueuse fut montée jusqu'à son apogée, il fallait bien qu'ils pensassent à la fonder, à la conserver; or, on ne fonde et on ne conserve qu'avec les principes de l'ordre : et une fois que les mots qui exprimaient ces principes, furent prononcés par les *montagnards*, leur position devint fausse et ils tombèrent. Dès que Robespierre eut proclamé l'être suprême, le colosse d'airain s'écroula dans le lac de sang ; un peu plus tôt, un peu plus tard, cette chute était

BIBLIOTHÈQUE

2

inévitable. La question d'une révolution entreprise contre la justice et la religion, n'est jamais qu'une question de temps; la série des turpitudes humaines est bornée, et la puissance de Dieu est toujours au bout de la puissance de l'homme.

Après que la Convention eut châtié Robespierre, le jugement dont elle l'avait frappé retomba sur elle; elle se trouva donc dans une position fausse. La *montagne* étant détruite, l'opinion, qu'elle retenait comme une digue, revenait à flots pressés contre les révolutionnaires. Ils la repoussèrent à coups de canons, et furent bientôt forcés de reculer devant elle.

Le gouvernement directorial fut assis sur des bases encore plus fausses, s'il est possible, que le pouvoir des *Thermidoriens*; le directoire ne voulait du retour de l'ordre, que *jusqu'à un certain point,* c'est-à-dire, jusqu'au point qui menaçait les révolutionnaires dans leur existence politique; et comme ce certain point ne pouvait offrir aucune position véritable, puisqu'il flottait pour ainsi dire entre les intérêts et les principes, il était naturel que le parti des intérêts et le parti des principes cherchassent alternativement à affranchir leur position. De là naquit le jeu de bascule; car, chaque fois que les intérêts devenaient trop menaçans pour les principes, le directoire frappait les révolutionnaires; et chaque fois que les principes devenaient menaçans pour les intérêts de la révolution, le directoire déportait les royalistes.

Ce jeu de bascule était trop violent et trop décevant dans ses effets, pour que ceux qui s'en servaient ne tombassent pas bientôt dans la déconsidération et le mépris. On ne peut jouer long-temps avec la raison et le sens commun des hommes. Il n'y a de repos pour les sociétés que dans le libre développement des vrais principes. Reconnaître à-la-fois ces principes et combattre leurs développemens, c'est se moquer du ciel et de la terre; c'est faire naître des opinions pour les irriter; c'est soulever contre soi l'indignation et la haine de tous les partis.

Il était donc impossible que le Directoire se maintînt long-temps dans une position aussi fausse; il était impossible que la nation prît pour le repos cette suite non interrompue de secousses produites par des impulsions contraires. Le besoin d'un changement de gouvernement fut universellement senti : Buonaparte s'empara de cette disposition des esprits, et fonda son despotisme sur les remords des révolutionnaires , sur le désespoir des royalistes et sur la lassitude de tous.

Toutefois, la position du dictateur se trouvait fausse à l'égard des révolutionnaires : il voulait se servir de leurs craintes, de leurs remords, du besoin qu'ils avaient d'être protégés, pour les attacher à la cause de l'usurpation , et il ne pouvait établir sa puissance que sur les principes de l'ordre qu'ils avaient renversé. Il s'associa donc à leurs antécédens par l'assassinat d'un Bourbon ; et, maître de la révolution par cet horrible gage, il la fit entrer en toute hâte dans les voies de la monarchie impériale , en métamorphosant les républicains et les sans-culottes en barons et en ducs. Tout le règne du dictateur couronné fut employé à simplifier sa position, en effaçant toutes les dates qui avaient précédé son usurpation. Il releva l'Église de France, se fit sacrer par un pape, épousa une archiduchesse, s'attacha successivement les anciennes familles aristocratiques , et sut entraîner au loin l'attention publique fixée sur ses aigles victorieuses.

Telle fut, Monsieur, l'influence des fausses positions sur les événemens qui précédèrent la restauration ; et j'aurais aimé à vous dire que mes remarques ne trouvent aucun sujet de s'exercer dant les temps qui ont suivi cette époque ; mais il n'en est pas ainsi, et l'intérêt de mon systême exige, au contraire, que j'appelle particulièrement votre attention sur la marche des affaires publiques depuis 1814, afin d'y trouver, à l'appui de ma découverte, des preuves d'autant plus frappantes, qu'elles tiennent à des faits plus près de nous.

Dans les pays où les principes de l'ordre ont un parti, la place naturelle du gouvernement est au milieu de ce parti. N'en déplaise à MM. Kératry, Guizot, et autres hommes d'état de la la même taille, un roi légitime qui se mettrait au milieu des révolutionnaires, serait tout aussi bien inspiré qu'un agneau qui, poursuivi par des loups voraces , chercherait son refuge au milieu d'eux.

Pour que toutes les positions eussent été franches à la restauration, il aurait donc fallu que la royauté se fût mise au milieu

des principes sociaux ; qu'elle eût cherché
sa force dans la religion, dans la justice,
dans les idées d'ordre, dans les intérêts fondés ;
et qu'elle eût fait une guerre soutenue aux
doctrines révolutionnaires.

Il n'importe nullement à mon système,
d'examiner s'il était ou non possible à la
royauté d'adopter dès-lors cette conduite, si
elle n'eût pas soulevé contre elle un trop
grand nombre de résistances, en alarmant
tous les hommes intéressés à soutenir le
fait de la révolution. Je laisse cette question à décider à nos politiques de pro-
fession. Tout ce qui m'importe, c'est d'ob-
server qu'en 1814, la royauté ne se mit pas
précisément au milieu des principes, mais
entre ces principes et les doctrines de la
révolution ; c'est-à-dire, qu'elle se plaça dans
une fausse position : or, cette fausse position
était d'autant moins soutenable, qu'en oc-
troyant la Charte, elle établissait un régime
de liberté, et que la liberté assurait aux
principes la faculté de se développer et de
produire leurs conséquences, indépendamment
de la royauté et contre ses ministres. Tous
les ministères qui se succédèrent depuis la

restauration , furent l'expression de cette fausse position de la royauté ; tous les embarras, toutes les fautes , toutes les catastrophes , tous les événemens , enfin , qui se sont succédés depuis cette époque , ont été causés par les vices de cette fausse position, long-temps maintenus par les intérêts ministériels qu'elle a produits. Une série de faits et de raisonnemens portera cette assertion jusqu'à l'évidence.

1º. Le 20 mars fut l'effet de la prépondérance momentanée que cette fausse position de la royauté légitime procurait aux révolutionnaires.

2º. La chambre de 1815 fut le produit de la liberté des principes.

3º. Et comme le ministère de 1815 exprimait encore la fausse position de la royauté, la majorité de la chambre composée des organes, ou des représentans, ou des produits des principes, se trouva en dissidence avec le ministère.

4º. Cette dissidence existant comme un fait entre la majorité de la chambre de 1815 et le ministère , il était impossible que ce fait n'eût pas pour conséquence la déviation du ministère dans les rangs de la révolution.

5°. Dabord, parce que les circonstances commandaient des mesures impopulaires, et que le ministère qui, par position, avait besoin de popularité, devait éprouver la tentation d'en chercher aux dépens des défenseurs des principes, et de laisser sur la majorité de la chambre tout l'odieux des actes de répression qu'exigaient les intérêts des principes offensés.

6°. Ensuite, parce que cette majorité prenant plus chaudement que lui l'intérêt des principes monarchiques, il devait, pour la sûreté de sa conscience, et pour la conservation de son existence, proclamer que ses volontés étaient *le bien* de la monarchie, et que *le mieux* auquel prétendait la majorité royaliste était l'*ennemi du bien ;* il devait appeler *trop chaud* tout ce qui l'eut fait paraître *tiède.*

7°. Et comme la majorité royaliste était en position de lui enlever l'initiative ; ne pouvant conserver cette initiative, il cassa la chambre, seul moyen qu'ont les ministres d'affranchir leur position vis-à-vis des majorités.

8º. En cassant la majorité de la chambre, il acceptait la nécessité de travailler à se former une majorité moins royaliste que celle qu'il avait brisée.

Pour y réussir, et en même temps pour se justifier d'avoir brisé une majorité royaliste, il lui fallut accuser ces royalistes d'exagération, de folie; il fut obligé de leur supposer des intentions criminelles, des vues personnelles, des désirs de vengeance et d'oppression ; de les dire animés par des passions de parti, auxquelles l'intérêt des principes servait de prétexte.

9º. Il employa à propager ces idées contre les défenseurs de la royauté, les moyens d'influence, et les lois arbitraires dont la majorité l'avait armé pour l'intérêt des principes en péril.

10º. En attaquant ainsi les défenseurs des principes, il affaiblissait ces principes, et il fortifiait leurs ennemis.

11º. Quand la chambre de 1816 fut formée, le ministère s'efforça de se créer une majorité dans les nuances qui avoisinaient la sienne.

12º. Le centre droit se réunit à lui par

similitude d'opinions et d'intérêts ; mais comme le centre droit ne pouvait seul lui donner une majorité, il adopta bientôt le centre gauche.

13. Du moment où il adoptait le centre gauche, le centre droit se trouva plus royaliste que le ministère.

— Car le centre droit, par cela seul qu'il était le centre droit, ne pensait pas comme le centre gauche.

14°. Le ministère ne pouvait s'unir au centre gauche sans soutenir que les opinions du centre gauche n'avaient rien d'anti-monarchique ; sans cela, le ministère se fût reconnu coupable de trahison envers la royauté.

15°. Toutes les épithètes d'exagération, dont le ministère avait frappé l'extrême droite, s'appliquèrent donc au centre droit.

16°. Le centre droit offensé à son tour dans ses opinions dans le caractère de ses membres, se rapprocha du côté droit, et le ministère qui avait besoin d'une majorité, se rapprocha du côté gauche.

17°. Et plus il s'approchait du côté gauche, plus il laissait d'hommes à sa droite, plus il eût fortifié le côté droit, si la loi des élections du 5 février n'eût dégarni les rangs de la droite à mesure qu'ils se remplissaient, et n'eût fortifié ceux de la gauche.

18°. Par suite de cette loi d'élection, le côté gauche se trouva bientôt en état d'affranchir sa position en renversant le ministère.

19°. Et comme le ministère ne voulait pas être renversé, à mesure que le côté gauche devenait trop impérieux ou trop menaçant, le ministère prenait une épée dans les mains du côté droit, et il en frappait le côté gauche.

20°. Et dès qu'il avait frappé le côté gauche, comme l'échec qu'il lui avait fait subir donnait de la force au côté droit, et le mettait à son tour à même d'affranchir sa position par la chute du ministère ; celui-ci prenait une épée dans les mains du côté gauche, et en frappait le côté droit.

Ainsi se reproduisit ce jeu de bascule, que nous avons déjà vu irriter tous les partis sous le gouvernement directorial : de même que dans les mains du directoire, ce jeu profitait en définitive à l'opinion anti-révolutionnaire, de même dans les mains des ministres de la royauté, ce jeu profitait au parti révolutionnaire qui devint bientôt florissant.

Et comme l'arbre de la révolution ne peut fleurir sans produire bientôt ses détestables fruits qui sont les insurrections, les conspirations, les régicides, nous avons eu des insurrections, des conspirations et des attentats contre la dynastie ; car c'est seulement par la destruction de la royauté, que la révolution peut affranchir sa position lorsqu'elle est en présence de la monarchie.

Ces effrayans symtômes, en se manifestant, avaient pour effet nécessaire l'abandon de la loi d'élection qui les avait produits, et, par conséquent, le changement du ministère qui avait maintenu cette loi. De même, l'adoption d'une nouvelle loi d'élection devait avoir pour conséquence l'arrivée d'une majorité royaliste ; car la royauté ne peut affranchir sa position à l'égard de la révolution, qu'à l'aide des royalistes. Or, une majorité royaliste devait produire une administration royaliste ; car toutes les fois que, dans les gouvernemens représentatifs, la majorité de la chambre et le ministère ne sont pas parfaitement identiques , ce ministère et cette majorité sont dans des positions fausses ; et il n'est pas de position fausse qui ne tende à s'affranchir soit d'un côté, soit de l'autre.

En littérature, partout où vous voyez un nœud pour trouver le dénouement, il ne s'agit quede tourner des feuillets ; en politique, partout où vous trouvez de fausses positions, pour voir leur affranchissement, il n'est besoin que de vivre.

La position du ministère et de la majorité de la chambre n'avait, à l'ouverture de la présente session, que deux manières de s'affranchir: ou par la retraite d'une partie des anciens ministres, et leur remplacement par des hommes choisis dans la majorité de la chambre ou avoués par elle ; ou par la *transfiguration* entière, absolue, de tous ces anciens ministres en chefs du parti royaliste maître de la majorité de la chambre.

Mais, demandera-t-on, n'y avait-il pas un troisième moyen d'affranchir la position des ministres et de la majorité ? Par exemple : les hommes de cette majorité ne pouvaient-ils pas épouser les intérêts du ministère ? — Par la raison que cette majorité est assise sur des principes fixes, si le ministère lui eût dit, venez à nous, il aurait reconnu qu'il était ailleurs que dans les principes ; la majorité n'aurait pu faire un seul pas vers lui sans se *déplacer,* sans quitter ses principes pour des intérêts contraires à ces principes, sans prononcer ainsi sa propre condamnation.

Si donc aucun ministre ne s'est retiré devant la majorité de la chambre, c'est sans doute parce qu'ils ont épousé absolument cette majorité, ses intérêts, ses opinions, ses doctrines ; c'est qu'ils ont embrassé la résolution de réaliser dans l'état social ces doctrines et ces opinions.

Si, en faisant alliance avec cette majorité, ils se fussent réservé secrètement un intérêt propre, cet intérêt n'aurait pu être qu'opposé par sa nature à celui de la majorité ; il y aurait eu défiance de part et d'autre, dissidence, tiraillemens, impossibilité de marcher, tous les vices enfin qui naissent des fausses positions ; jusqu'à ce que le dénouement ajourné arrivât au profit de l'un ou de l'autre ; c'est-à-dire, par la dissolution du ministère ou par la dissolution de la majorité.

Mais une telle combinaison eut été à-la-fois contraire à l'esprit du gouvernement représentatif, contraire à l'intérêt de l'état, contraire à l'intérêt même des ministres.

Elle eut été contraire à l'esprit des gouvernemens représentatifs ; car, dans ces sortes de gouvernemens, il n'y a que deux partis pour les hommes d'état : l'administration et l'opposition. Toutes les fois qu'on n'est pas de l'opposition, on doit faire partie de l'administration ; toutes les fois qu'on n'est pas dans l'administration, on doit faire partie de l'opposition. L'opposition parle, écrit, discute ; l'administration réalise. Les théories et leur liberté sont la propriété de l'opposition ; la conduite des affaires publiques est le partage de l'administration. N'être pas dans l'opposition, et ne pouvoir réaliser ses plans dans l'administration, c'est être dans une fausse position ; ne pouvoir réaliser ses plans qu'en partie, c'est les compromettre, c'est engager avec eux son existence politique.

J'ai dit qu'une telle combinaison eût été contraire aux intérêts de l'état, parce qu'elle auraitralenti, altéré l'initiative royale ; qu'ainsi elle aurait paralysé la majorité : car une majorité sans initiative est un corps sans âme. Or, une majorité composée de défenseurs des principes, est l'espoir, l'élément de salut de la civilisation : avoir une telle majorité, et la priver de l'initiative, ou, ce qui eut été la même

chose, lui en donner une qui ne fût pas con-
forme à l'intérêt de ses doctrines et de ses
principes, c'eut presque été un délit euro-
péen. Joignez à cela que cette majorité désu-
nie, déconcertée, se fut trouvée en présence
d'un parti révolutionnaire, plein de mou-
vement et de vie, dont la position devient
chaque jour plus franche, à mesure qu'il a
moins de ménagemens à garder; et qu'elle n'eut
pu que gagner du terrein pendant que les royalistes se seraient débattus contre les vices de
leur position, pendant qu'ils auraient perdu
leur popularité, en différant de s'occuper des
intérêts généraux de la société.

Enfin, j'ai dit que cette combinaison eut
été contraire à l'intérêt des ministres eux-
mêmes; car, de deux choses l'une : ou la fausse
position de ces ministres et de la majorité se
serait affranchie quelques mois plus tard par
la dissolution du ministère, ou elle se serait
affranchie par le triomphe de l'intérêt ministériel, et par la défaite de la majorité. Dans le
premier cas, les ministres dissidens se fussent
gratuitement perdus, tandis qu'il dépendait
d'eux de se sauver en épousant absolument la
majorité; dans le second cas, tout ce qu'ils

eussent gagné par leur triomphe sur le parti royaliste, c'eut été la nécessité de l'opprimer comme en 1816; de chercher, comme en 1816, leur point d'appui sur les nuances flottantes, sur les intérêts et les doctrines révolutionnaires; de rentrer enfin dans la série d'embarras, de sottises et de catastrophes, qui a perdu les précédentes administrations, et qui attend toutes celles qu'on voudrait asseoir plus tard hors des principes et des intérêts du parti royaliste. Mais une telle combinaison est aujourd'hui trop bien connue dans son absurdité, dans ses conséquences, dans ses inévitables nécessités; elle est, en un mot, trop odieuse et trop décriée pour que les hommes d'état, qui auraient cru voir en elle le seul moyen de rester dans le ministère, n'eussent pas encore préféré se placer à la tête de l'opposition, qu'ils auraient rectifiée par leur présence, et à l'aide de laquelle il leur eut été possible de ressaisir plus tard le pouvoir, et de rentrer dans une position franche à la tête du ministère.

Comment, d'ailleurs, les ministres auraient-ils pu se flatter de prolonger par de vains appas une alliance imparfaite, avec une majorité composée en grande partie des victimes de

l'ancien système ministériel , pleine de défiance contre les hommes de ce système , et
toujours prête à s'enfuir devant la seule crainte
d'en voir conserver les traditions et les ins-
trumens ? Comment eussent-ils pu refuser à
cette majorité de réparer les nombreuses injustices qui avaient frappé les défenseurs de
ses principes ? Comment eussent-ils hésité à
placer à la tête des emplois les ennemis de cet
ancien système , sans afficher leurs arrière-
pensées, sans alarmer, sans irriter leurs auxi-
liaires , sans les porter à une rupture écla-
tante ? On peut bien abuser pendant quelques
semaines de la bonne foi d'une majorité , de
ses dispositions pacifiques , de son empressement à quitter une opposition qui n'était ni
dans les idées ni dans les mœurs de ses membres, ni dans l'ordre naturel des choses , et
dans laquelle ils furent maintenus pendant
cinq ans par la plus impérieuse des nécessités ;
mais ce même empressement qui l'avait portée à s'approcher d'un ministère dont elle
croyait toutes les institutions franches, l'eut
portée bientôt à s'en éloigner, si ce ministère,
tout en lui demandant la paix, l'eût laissée
elle et son parti en dehors du gouvernement ;

lorsque, pour être en possession de ce gouvernement, il lui eut suffi de quitter les ministres ?

Vous voyez, Monsieur, que mon système des *fausses positions* a l'inappréciable avantage de vous donner la clé non seulement des événemens accomplis, mais encore des événemens à venir. Vous voyez par les exemples que je viens de vous citer, qu'il suffit d'examiner si un ministère est dans une position fausse vis-à-vis de la majorité de la chambre ; pour savoir si ce ministère doit tomber ou se maintenir ; vous pouvez même avec un peu de sagacité deviner quand et comment il se brisera ; par quel point de dissidence s'opérera la rupture : car, dans notre pays, Monsieur, le ministère n'est pas tout d'une pièce comme en Angleterre ; semblable au couteau de Jeannot, *tantôt c'est le manche qu'on change, tantôt c'est la lame ; il a déjà usé six lames et cinq manches, et c'est toujours le même.*

Ainsi, Monsieur, que vous soyez ministre ou député, ne vous mettez pas, croyez-moi, dans de fausses positions ; ou, si vous y êtes malgré vous, travaillez sans relâche à les affranchir ; car vous n'y trouveriez ni force, ni considération, ni bien-être ; et vous y perdriez inévitablement votre caractère politique, votre honneur et vos bonnes intentions. Dans les fausses positions, on ne peut ni gouverner, ni combattre, ni parler, ni écrire ; pourquoi ces orgueilleux doctrinaires qui, en paraissant dans l'arène, semblaient vouloir imposer silence à tout le monde ; pourquoi cette coterie de pédans et de sophistes a-t-elle fini d'une manière si ridicule ? Pourquoi ces grands hommes, qui prétendaient avoir trouvé le secret du dix-neuvième siècle, n'ont-ils même pas pu faire un journal ? C'est que ce parti s'était établi sur une fausse position entre le ministère et la révolution. Après avoir fait de vains efforts pour s'y maintenir, il a fini par aller se traîner honteusement à la queue de la faction révolutionnaire, place qui, en définitive, sera celle de tous les hommes d'état qui voudront gouverner la monarchie sans les royalistes ; car par cela seul qu'on ne veut pas des royalistes, on est du parti de la révolution.

Maintenant, Monsieur, si nous appliquons mon système à des spéculations plus élevées, il pourra peut-être nous servir à expliquer les mystères de nos destinées terrestres. Et pourquoi ne m'accorderait-on pas que le genre humain tout entier est tombé dans une fausse position par le péché de nos premiers parens? Quelle position plus fausse, en effet, que celle où l'on se trouve entre le ciel et l'enfer? Appelés vers Dieu par toutes nos facultés pensantes ; appelés vers le Diable par toutes les séductions qui semblent inhérentes à la terre, dans laquelle il est prisonnier ; sollicités au bien par notre raison, par nos rapports intellectuels avec la sagesse suprême qui a créé l'univers ; sollicités au mal par la matière satanisée qui compose notre corps et les alimens qui l'entretiennent ; la fin de notre création, le grand but de notre civilisation, de notre perfectibilité dont on nous parle si souvent sans les définir, qu'est-ce autre chose que l'affranchissement de notre condition humaine par le triomphe de notre intelligence sur l'ange des ténèbres qui la captive ? Y a-t-il d'autre moyen de nous *affranchir*, de nous sauver, que d'arriver enfin, par une suite progressive de découvertes et d'efforts, à cet ordre universel, immuable, qui a précédé le temps et qui doit le suivre ? N'est-ce pas là ce que nous demandons à Dieu, quand nous lui di-

sons dans le *Pater* : « Que votre règne arrive,
» que votre volonté soit faite sur la terre
» comme elle l'est dans le Ciel ! » Les lois, les
principes dont se compose cet ordre universel,
sont-ils autre chose que la volonté du créa-
teur ?

Ce système vous servira comme d'un flam-
beau pour dissiper toute l'obscurité qui enve-
loppe les œuvres de Dieu dans les premiers âges
du monde. Le genre humain s'égarait sur les
traces des enfans de Caïn : c'en était fait de
l'homme et de ses destinées, si Dieu n'eût envoyé
le déluge ; en noyant l'espèce, à l'exception
du seul homme de bien qu'elle possédât, il la
sauvait de l'empire de Satan ; il recommençait
par Noé la carrière de l'homme, il le repla-
çait dans les bonnes voies dont il s'était dé-
tourné : c'est pour l'engager de plus en plus
dans ces bonnes voies, qu'il choisit, qu'il
guida le peuple juif ; et quand le peuple juif
se fut *fourvoyé loin des voies de Dieu*, sui-
vant l'expression qu'on trouve si souvent dans
la Bible, le Christ vint lui-même pour y re-
placer le genre humain.

Y a-t-il dans cette admirable mission de Jésus-
Christ aucun exemple, aucun précepte qui ne

tende à empêcher les positions sociales de devenir fausses et à les affranchir quand elles le sont ! L'obéissance, l'humilité, l'austérité, toutes ces vertus chrétiennes qui nous apprennent à dompter nos passions, ne servent-elles pas à nous retenir dans des positions simples vis-à-vis de notre famille, de la société, de Dieu lui-même? n'est-ce pas dans ce but que la religion chrétienne nous élève au-dessus des séductions et des intérêts de la terre? Qu'est-ce que le *salut*, sinon l'affranchissement final de la position de l'homme? Qu'est-ce que *la vertu*, sinon la force nécessaire pour y arriver? Qu'est-ce que *le bien*, sinon l'ordre immuable où notre place est marquée? Qu'est-ce que *le juste* et *l'injuste*, sinon la rectitude ou la confusion des voies qui nous y conduisent? Qu'est-ce que *les torts*, sinon des sinuosités qui nous en écartent? Qu'est-ce, enfin, que tous les mots de notre raison, sinon des expressions puisées dans les idées de bonnes ou mauvaises positions, que l'homme peut prendre entre le ciel et l'enfer?

Ainsi donc, Monsieur, plus nous réglerons notre vie sur les préceptes et les divins exemples du christianisme, plus nous serons près d'affranchir notre position de la dépendance de

Satan. De même, plus nous nous éloigne-
rions de ces préceptes et de ces divins exemples , plus nous serions près d'affranchir notre
position dans le sens contraire ; c'est-à-dire,
que nous serions en danger de nous dérober
à la puissance de Dieu , et de nous précipiter
dans l'abîme avec notre tentateur. C'est ainsi
que la civilisation toute entière est intéressée
à ce que les principes de l'ordre ne soient
pas remplacés par ces doctrines de la re-
bellion , à ce que les peuples ne soient pas
entraînés par des sophistes et des soldats fac-
tieux , dans les voies des révolutions et des
désordres ; c'est ainsi que les dépositaires des
principes ne peuvent sans crime , sans trahir
leur roi , leur pays , leurs devoirs envers Dieu
et envers les hommes , faire aucune conces-
sion qui compromettrait le salut du genre humain, ou retarderait sa délivrance. En méditant
ces réflexions, vous n'aurez pas de peine à
vous convaincre que la mission des gouvernemens est de favoriser cet affranchissement du
genre humain, en sortant les sociétés des positions fausses où les grands faits , les grandes
injustices, telles que les conquêtes et les révolutions, ont plongé l'Europe civilisée ; aussi les
meilleurs gouvernemens sont-ils ceux qui se

placent au milieu des principes ; car, quand les principes gouvernent, toutes les conséquences sont droites et justes, toutes les questions sont simples, et les positions fausses sont beaucoup moins nombreuses dans la société ; tandis qu'un gouvernement hors des principes, fausse toutes les positions, met en contradiction tous les devoirs, confond et complique toutes les questions, et entraîne les hommes dans toutes les déviations. Sous le gouvernement de Louis XIV, il était aussi difficile aux hommes d'état, aux écrivains, aux magistrats, aux citoyens de toutes les classes, de fausser leurs positions, qu'il est difficile aux Français d'aujourd'hui d'affranchir les leurs. Combien d'hommes publics très-disposés, il y a quelques années, à marcher dans les bonnes voies, pourraient imputer au dernier ministère les funestes aberrations dans lesquelles ils sont tombés ! Combien pourraient lui reprocher les fautes qu'ils ont commises, et jusqu'aux châtimens qu'ils ont subis ? Non seulement ce ministère ne faisait rien pour les retenir dans l'ordre, mais il faisait tout pour les en détourner. Il fallait être doué d'une certaine force d'âme pour ne pas s'engager avec lui dans les intérêts révolutionnaires et dans les doctrines anti-sociales. La fidélité, la vertu, la justice étaient de l'opposition ; l'amour de l'ordre était obligé de prendre une attitude presque factieuse.

Les gouvernemens représentatifs peuvent tout aussi bien que les gouvernemens absolus maintenir les positions sociales ; mais il faut qu'ils soient bien compris ; il faut que chaque majorité de la chambre produise son ministère, afin que la question soit toujours simple entre le ministère et l'opposition. Rien ne serait plus inconciliable avec l'esprit du systéme représentatif, que l'existence d'un parti ministériel composé d'hommes qui, au lieu d'opinions, auraient des intérêts; d'un parti sans principes, et par conséquent sans logique, qui s'approcherait de toutes les majorités pour les dénaturer et les corrompre ; qui se réserverait l'initiative de toutes les saines théories qui auraient prévalu dans l'opinion, pour les entacher et les ternir; qui, enfin, arrêterait tous les développemens, paralyserait toutes les forces, neutraliserait la vie de la société, et embrouillerait toutes les voies de la civilisation. Mais heureusement ce parti qui, comme toutes les puissances arbitraires, ne pourrait se fonder que par le despotisme, ne saurait prendre racine au sein d'une société libre.

Il me serait facile, Monsieur, de prolonger à l'infini les développemens de la grande découverte philosophique dont j'ai enrichi les connaissances humaines. M. Azaïs a bien composé quatre ou cinq volumes sur une donnée beaucoup moins féconde, beaucoup moins universelle que celle-ci; mais je pourrais craindre le malheur qui est arrivé à ce grand philosophe, celui de n'être pas lu, et j'aime mieux suivre l'exemple d'un autre penseur non moins célèbre, M. Auguste Hus, qui nous donne ses in-folio page par page, afin d'en rendre la digestion plus facile. D'ailleurs, mon système, comme toutes les vérités fondamentales, se justifiera très-bien lui-même par l'application journalière qu'on en pourra faire. J'en ai dit assez pour prouver son étendue générale et son utilité pratique, je le livre donc sans crainte aux méditations du public. C'est un grain qui ne peut manquer de germer dans toutes les têtes pensantes.

Imprimerie d'A. Béraud, rue Saint-Denis, n.° 374.

www.ingramcontent.com/pod-product-compliance
Lightning Source LLC
Chambersburg PA
CBHW061242030726
47595CB00004B/1658